BOEKANALYSE

AF126354

The Strange Case of Dr Jekyll and Mr Hyde

• • • • • • • • • • • • • • • • •

ROBERT LOUIS STEVENSON

BOEKANALYSE

Geschreven door Marie-Pierre Quintard
Vertaald door Nikki Claes

The Strange Case of Dr Jekyll and Mr Hyde

ROBERT LOUIS STEVENSON

ROBERT LOUIS STEVENSON

SCHOTSE SCHRIJVER

- **Geboren in Edinburgh in 1850**
- **Overleden in Vailima (Samoaanse eilanden) in 1894**
- **Opmerkelijke werken:**
  - *Reizen met een ezel in de Cevennen* (1879), reisbeschrijving
  - *Schateiland* (1883), roman
  - *The Strange Case of Dr Jekyll and Mr Hyde* (1886), novelle

Robert Louis Stevenson (1850-1894), een Schotse schrijver en fervent reiziger, liet zich bij het schrijven van zijn verhalen inspireren door herinneringen aan zijn reizen door Frankrijk, Amerika en de Samoa-eilanden. Als jong volwassene met een zwakke gezondheid gaf hij zijn studie op om zich aan het schrijven te wijden. Zijn ritmische, onrealistische verhalen waren vernieuwend voor zijn tijd.

Travels with a Donkey in the Cévennes (1879), *Treasure Island* (1883) en *The Strange Case of Dr Jekyll and Mr Hyde* (1886) behoren tot zijn bekendste werken. Stevenson was ook de schrijver van essays over literaire theorie en van beschrijvende en documentaire geschriften over de eilanden in de Stille Oceaan. Stevenson was een van de eerste Europeanen die de inboorlingen van de Samoa-eilanden verdedigde tegen de koloniale machten.

THE STRANGE CASE OF DR JEKYLL AND MR HYDE

EEN FILOSOFISCHE NOVELLE WAARIN FANTASIE EN MISDAADFICTIE ELKAAR ONTMOETEN

- **Genre:** novelle
- **Referentie-uitgave:** Stevenson, R. L. (2003) *The Strange Case of Dr Jekyll and Mr Hyde*. Londen: Penguin Classics.
- **Eerste uitgave:** 1886
- **Thema's:** dualiteit, conformisme, moraal, vrijheid, driften, verleiding

The Strange Case of Dr Jekyll and Mr Hyde is een verhaal dat sinds zijn publicatie wordt vereerd en de lezers nog steeds evenzeer fascineert door zijn fantastische karakter en zijn criminele, filosofische en religieuze nuances. De tekst vertelt het verhaal van een wetenschapper die, geobsedeerd door de dualiteit van zijn wezen, bestaande uit zowel goed als kwaad, besluit deze twee wezens fysiek te scheiden. Dualistische theorieën, de vrije wil, de blik van de "Ander", sociaal conformisme, de verleidingen waaraan de mens is blootgesteld en de zwakheden van de menselijke wil zijn ook punten die in de hele novelle aan bod komen en die de nieuwsgierigheid van lezers van alle leeftijden blijven prikkelen.

SAMENVATTING

HOOFDSTUK 1 – VERHAAL VAN DE DEUR

De novelle begint met de introductie van de advocaat, de heer Utterson, die tijdens een wandeling met zijn vriend Enfield voor een deur belandt die hem aan een verhaal doet denken. Op een dag had hij een man een klein meisje zien slaan. De man had toen aangeboden het slachtoffer een schadevergoeding te betalen. Daartoe ging hij juist door die deur en kwam naar buiten met geld en een cheque met een naam die "zeer bekend en vaak gedrukt is" (p. 7), die Enfield liever niet bekend wil maken. Wel onthult hij de naam van de aanvaller: Hyde. Utterson lijkt te aarzelen als hij dit verhaal hoort en bevestigt dat hij de persoon kent die in het huis woont. De twee vrienden spreken af er daarna niet meer over te praten.

HOOFDSTUK 2 – ZOEKTOCHT NAAR MR HYDE

Utterson is bezorgd over de bepalingen in het testament van zijn vriend Jekyll: bij zijn dood of verdwijning zouden al zijn bezittingen naar Edward Hyde gaan. Het verhaal van Enfield vergroot zijn angsten omdat het de deur van Jekylls huis was. Hij besluit het te observeren en verrast uiteindelijk Hyde. Hij bevestigt dat hij in een ander gebied woont. Utterson wil dan Jekyll zien, maar de butler, Poole, legt uit dat hij weg is en dat Hyde de huissleutel heeft. Utterson besluit de identiteit van Hyde te onderzoeken.

HOOFDSTUK 3 – DR JEKYLL WAS NOGAL OP ZIJN GEMAK

Tijdens een door Jekyll georganiseerde avond probeert Utterson meer informatie over Hyde te krijgen. Jekyll weigert erover te praten en vraagt Utterson de bepalingen van zijn testament te respecteren.

HOOFDSTUK 4 – DE CAREW-MOORDZAAK

Een jaar na de ontmoeting tussen Utterson en Hyde vindt er een misdaad plaats. Het slachtoffer is Danvers Carew, parlementslid en de misdadiger, herkend door een dienstmeisje, is de heer Hyde. Hij slaat het slachtoffer met zijn stok, waarvan de helft bij het lichaam is gevonden. Utterson herkent de stok: het is een geschenk dat hij ooit aan Jekyll gaf. Hij gaat met een politie-inspecteur naar Hyde's adres, maar die is verdwenen, met achterlating van de andere helft van de stok en een vernietigd chequeboek. Hij twijfelt niet langer aan de identiteit van de crimineel.

HOOFDSTUK 5 – INCIDENT VAN DE BRIEF

Utterson gaat naar Jekyll, die erg ziek is. Hij houdt vol dat hij alle contact met Hyde heeft verbroken, die hem niettemin een brief heeft gestuurd, zonder poststempel, om hem te laten weten dat hij veilig is voor gerechtelijke vervolging. Maar Poole bevestigt dat de postbode alleen "circulaires" afleverde (p. 35). Een vriend van Utterson, die een expert is in handschriften, onderzoekt de brief die Hyde aan Jekyll stuurt, evenals een door Jekyll geschreven uitnodiging. Hij bevestigt dat het handschrift hetzelfde is.

HOOFDSTUK 6 – OPMERKELIJK VOORVAL VAN DR. LANYON

De tijd verstrijkt zonder nieuws van Hyde. Utterson blijft zijn vrienden zien, maar Jekyll besluit abrupt niemand meer te zien. Lanyon, een wederzijdse vriend, wil niet langer van Jekyll horen of spreken en sterft kort daarna aan een onverwachte ziekte. Utterson besluit een brief te openen die Lanyon voor zijn dood heeft gestuurd. Binnenin vindt hij een brief die pas na Jekylls dood gelezen mag worden.

HOOFDSTUK 7 – INCIDENT BIJ HET RAAM

Tijdens een wandeling besluiten Utterson en Enfield de binnenplaats van Jekylls huis op te gaan, die ze bij een raam zien staan. Hij wil met hen praten, maar zijn gezicht wordt plotseling bleek en hij sluit het raam. De twee vrienden verlaten de binnenplaats in stilte.

HOOFDSTUK 8 – DE LAATSTE NACHT

Utterson gaat Jekyll opzoeken op verzoek van Poole. De butler denkt dat zijn meester is vermoord omdat de stem van de persoon in Jekylls permanent gesloten kast niet Jekyll is. Bovendien heeft hij een klein, gemaskerd individu binnenin gezien. Utterson en Poole breken de kastdeur open en vinden Hyde, in Jekylls kleren, stervend. Hij heeft een medicijn genomen om zichzelf te doden. Er is geen teken van Jekylls lichaam. Utterson ontdekt een brief van zijn vriend, die hem zijn hele fortuin nalaat en hem vraagt het verhaal in de door Lanyon gestuurde enveloppe te lezen.

HOOFDSTUK 9 – DR LANYON'S VERHAAL

In de brief van Lanyon staat dat Jekyll hem vroeg naar zijn laboratorium te gaan om een lade te halen die hij moest geven aan iemand die om middernacht naar zijn huis zou komen. De persoon in kwestie was Hyde, die een mengsel bereidde van de producten van de betreffende lade. Vervolgens vroeg hij Lanyon of hij zijn wetenschappelijke nieuwsgierigheid wilde bevredigen. Toen deze ja zei, dronk Hyde van het mengsel en veranderde in Jekyll.

HOOFDSTUK 10 – HENRY JEKYLL'S VOLLEDIGE VERKLARING VAN DE ZAAK

Het laatste hoofdstuk is de bekentenis die Jekyll schreef voordat hij zelfmoord pleegde. Hierin spreekt hij over zijn nieuwsgierigheid naar de dualiteit van de mens, die bestaat uit goed en slecht, en over zijn project van "de scheiding van deze elementen" (p. 75). Hij geeft toe een drankje te hebben gemaakt dat hem veranderde in zijn slechte kant, Edward Hyde. Vervolgens huurde hij een huis voor Hyde en schreef een testament ten gunste van hem. Maar het drankje werd geleidelijk minder effectief. Gedwongen om de dosis te verhogen om als Jekyll te blijven, werd hij steeds zieker en ouder. Hij voelde Hyde's haat jegens hem en angst voor de dood. Omdat hij een van de noodzakelijke ingrediënten om de toverdrank te maken niet meer kon vinden, besloot hij zichzelf te doden zodat Hyde geen kans had om te overleven.

KARAKTERSTUDIE

MR UTTERSON

Utterson is het eerste personage dat Stevenson introduceert. De auteur presenteert hem als een stille, vreemde man, vol tegenstrijdigheden: "koud, schaars en verlegen in het gesprek; achterlijk in sentiment" maar ook "op de een of andere manier beminnelijk"; "hij genoot van het theater", maar "was al twintig jaar niet meer bij een theater binnen geweest" (p. 3).

Hij is het toonbeeld van een Victoriaanse gentleman, sober, serieus en intelligent: "Het was zijn gewoonte om op zondag, als de maaltijd voorbij was, dicht bij het vuur te zitten, met een boek over droge goddelijkheid op zijn leestafel, totdat de klok van de naburige kerk twaalf uur sloeg, waarna hij nuchter en dankbaar naar bed ging" (blz. 12).

Ondanks zijn misantropische uiterlijk geeft hij blijk van opmerkelijke warmte en mededogen als reactie op het lijden en de pijn van zijn vrienden Lanyon en Jekyll. Hij is ook gemotiveerd door rechtvaardigheid, want hij wil dat Hyde koste wat kost wordt gestraft voor zijn misdaden.

Hij is de rode draad die alle andere personages met elkaar verbindt (en ook de advocaat die verantwoordelijk is voor de meeste testamenten van zijn vrienden). Zij vertrouwen hem uiteindelijk al hun verhalen toe. Zo wordt hij een soort Sherlock Holmes om het mysterie rond de relatie tussen zijn vriend Dr Jekyll en Mr Hyde te ontrafelen.

DR JEKYLL

Deze door scheikunde gefascineerde arts, wiens gezicht "misschien iets van een sluwheid, maar alle tekenen van bekwaamheid en vriendelijkheid" vertoont (p. 23), begint zich geleidelijk aan van zijn vrienden te distantiëren en leeft teruggetrokken in zijn luxueuze huis. Zijn ware identiteit, wat hij wil doen en zijn zorgen worden onthuld in het laatste hoofdstuk van de novelle.

Sinds zijn jeugd voelt hij een dubbele natuur in zich: een positieve en een negatieve kant. Omdat hij beide toestanden met hetzelfde plezier beleefde, besluit hij de twee componenten van zijn wezen fysiek te scheiden met behulp van een drankje dat hij heeft weten te maken. Hij vertegenwoordigt dus de wetenschapper die de wetenschap voor de verkeerde dingen gebruikt. Maar net als bij de tovenaarsleerling kan hij op een gegeven moment de effecten van het drankje niet meer beheersen: na verloop van tijd begint Jekyll in Hyde te veranderen zonder het drankje in te nemen. Hij zal ook worden gestraft voor zijn daden, omdat ze bijna goddeloos zijn, een zonde van hoogmoed – hij heeft immers, net als een god, twee delen die een geheel vormden, gescheiden, naar het voorbeeld van de scheiding van Adam en Eva. Daarom moet hij zichzelf opofferen om zich te ontdoen van het kwaad dat de heer Hyde belichaamt.

Dit personage verwijst naar het manicheïsme, een religie die gebaseerd is op een strikt tegengestelde dualiteit van de begrippen goed en kwaad. Hij is dus een personage dat uit verschillende delen bestaat en doet denken aan manicheeers, alchemisten uit de Middeleeuwen (bijvoorbeeld het duistere verhaal van Gilles de Rais, een vriend van Jeanne d'Arc, die door alchemie en zwarte magie tot de meest verschrikkelijke misdaden werd aangezet) en moderne wetenschappers, die hun onderzoek soms extreem ver doorvoeren (klonen bijvoorbeeld).

MR HYDE

Dit personage is de belichaming van het kwaad, wat zowel blijkt uit zijn daden (misdaden en geweld) als uit zijn fysieke verschijning: Hij is "bleek en dwergachtig", heeft een "onaangename glimlach" en geeft "een indruk van misvorming zonder noemenswaardige misvorming" (p. 19). Zoals de auteur uitlegt, "[e]vil [...] had op dat lichaam een afdruk van misvorming en verval achtergelaten" (p. 78).

Hij roept gevoelens van angst en afschuw op bij degenen die naar hem kijken. Net als traditionele iconografische en literaire voorstellingen van het kwaad, kan hij alleen maar walgelijk zijn.

Hij is zeer symbolisch, niet alleen omdat hij de incarnatie van het kwaad is, in de religieuze zin van het woord (fragmenten uit Jekylls bekentenis: "Ik verklaar, tenminste voor God, dat geen zinnig mens zich schuldig zou hebben gemaakt aan deze misdaad op zo'n armzalige provocatie"; "Onmiddellijk ontwaakte de geest van de hel in mij en ging tekeer", blz. 86), maar ook omdat hij alle mensen vertegenwoordigt. Hij herinnert ons aan de ondefinieerbare angst, de angst voor anderen, zichzelf of het onbekende, de liefde voor losbandigheid of de verleiding tot geweld die iedereen op elk moment kan overvallen. Maar als belichaming van het kwaad herinnert hij ons vooral aan de "dodelijke kant van de mens" (p. 78), aldus Jekyll.

Dit personage is in veel opzichten een vernieuwing in de reeks teksten die gewijd zijn aan dualiteit en gespleten persoonlijkheid, omdat voor het eerst in een literair werk de dubbelganger, in dit geval de kwade kant, fysiek bestaat en door iedereen wordt waargenomen (Brunel, 1998: 516).

RICHARD ENFIELD

Enfield is een vertegenwoordiger van de Victoriaanse samenleving (elegant, kalm, met gevoel voor rechtvaardigheid, een "well-known man about town", p. 4) die belangrijk is omdat hij het is die Utterson aan het begin van de tekst vertelt over het bestaan en de wandaden van Hyde. Hij is dan ook degene die Utterson ertoe aanzet de misdaad op te lossen.

Hij maakt een belangrijke heroptreden wanneer hij met Utterson aan Jekylls raam komt. Jekyll herkent hem als getuige van Hyde's aanval op een jong meisje en verstopt zich angstig. Enfield fungeert dus in zekere zin als Jekylls geweten.

DR LANYON

Deze arts, verliefd op zijn beroep, vertegenwoordigt de wetenschapper die niet toegeeft aan de verleiding (die bijna als ketterij wordt gezien) om zijn capaciteiten en kennis uit te buiten om doelen na te streven die in strijd zouden zijn met de nobele zin van zijn beroep.

Hij is het tegenovergestelde van dr. Jekyll in die zin dat hij de arts vertegenwoordigt die trouw blijft aan zijn missie. Dit wordt duidelijk zodra Lanyon Jekylls boodschapper en biechtvader wordt. Hij is het tegenovergestelde (en dus positieve) beeld van Jekyll de wetenschapper op het moment van zijn transformatie in Hyde.

Dit geheim is te veel voor Lanyon om te dragen, die sterft als een slachtoffer dat wordt geofferd na te zijn ingewijd in een kwaadaardig ritueel.

POOLE

Poole is de butler van Jekyll en fungeert als bewaker van de kruising tussen twee werelden: die van de werkelijkheid en de normaliteit en die van de mysteries van zijn meester. Hij is het beeld van de bediende die toegewijd is aan zijn meester en respect heeft voor anderen. Maar hij is ook zeer bezorgd over het lot van de man die hij dient: hij is het die alarm slaat over wat er in Jekylls kabinet gebeurt en die voelt dat Jekyll zich verliest in de greep van iemand anders.

ANALYSE

DE *FANTAST*

In deze tekst ontwikkelt Stevenson een vorm van het fantastique-genre (een overlapping van sciencefiction, horror en fantasy) die zich houdt aan de richtlijnen van de traditionele *fantastique*: dit is de plotselinge verschijning van een personage dat het kwaad belichaamt, het bovennatuurlijke, dat geen sporen nalaat en waarvoor geen verklaring bestaat. Hij wekt het onbehagen op van de andere personages en van de lezers.

De *fantastique* evolueert naar de categorie sciencefiction met de introductie van verschillende rationele verklaringen voor de gebeurtenissen: Jekyll heeft een drankje uitgevonden waarmee hij van zijn positieve in zijn negatieve kant kan veranderen en omgekeerd. Ook het detectivewerk van Utterson draagt bij tot de rationalisering van het verhaal en geeft het zelfs een sfeer van misdaadfictie.

Ondanks jarenlang onderzoek is het echter niet de bekwaamheid van dr. Jekyll die hem in staat stelt dit drankje te maken, maar het toeval: hij moet een ingrediënt hebben gebruikt dat niet helemaal zuiver was ten gevolge van een ongeluk bij de bereiding ervan door de chemici.

Deze poging tot een wetenschappelijke verklaring heeft geen radicale invloed op het fantastische karakter van de novelle, dat essentieel blijft voor de rijke symboliek van Hyde.

Het mysterie blijft: zelfs als we het verhaal van het drankje kennen, vragen we ons nog steeds af wat er met Jekyll gebeurde toen Hyde verscheen. Jekylls lichaam werd Hyde, maar wat bleef er over van zijn positieve, spirituele kant?

DUALITEIT, GESPLETEN PERSOONLIJKHEID EN METAMORFOSE

Dualiteit (kenmerk van wat dubbel is in zichzelf, vatbaar voor twee interpretaties), gespleten persoonlijkheid (geloof van het subject in het al dan niet gelijktijdig bestaan van twee afzonderlijke wezens die elk hun eigen leven leiden en zich wederzijds niet bewust zijn van elkaar [Morfeux en Lefranc, 2007: 118 & 146] en metamorfose (verandering van vorm, aard of structuur tot het punt waarop het wezen of object onherkenbaar is) zijn de drie stadia van een drieledige progressie:

- Ten eerste wordt Jekyll zich bewust van zijn dualiteit ("Ik stond al in een diepe dubbelheid van leven", p. 73);

- Hij heeft dan een eigenaardige ervaring van gespleten persoonlijkheid ("Ik was niet meer mezelf wanneer ik mij afzette en mij in schaamte stortte, dan wanneer ik in het oog van de dag werkte aan het bevorderen van kennis of het verlichten van verdriet en lijden", blz. 74);

- Tenslotte heeft hij zijn metamorfoses (aanvankelijk wanneer hij daarvoor kiest, later onvrijwillig) van Jekyll in Hyde en omgekeerd.

Alleen door deze metamorfose denkt Jekyll dat hij eerlijk kan leven, volgens de maatschappelijke normen, in die zin dat de twee kanten van zijn natuur, die gescheiden zijn, zuiver kunnen zijn en volledig volgens hun eigen aard kunnen leven, zonder dat het gedrag van de een gevolgen heeft voor de ander: "het [Hyde's verschijning] leek meer expressief en enkelvoudig, dan het onvolmaakte en verdeelde gelaat dat ik tot dan toe gewoon was het mijne te noemen"; "Edward Hyde, alleen in de gelederen van de mensheid, was puur kwaad" (p. 78).

Dualiteit is een toestand die zich op natuurlijke wijze manifesteert, zonder tussenkomst van Jekyll, in de vorm van een gespleten persoonlijkheid. De metamorfose van Jekyll in Hyde, waarbij deze splitsing zover gaat als de fysieke scheiding van zijn twee componenten, is de rationele en vrijwillige manier om deze dualiteit te ervaren en een oplossing te vinden. Het is een soort menselijk ingrijpen in de natuur der dingen.

LONDENSE SAMENLEVING

Naast het fantastische karakter is deze novelle ook realistisch. Gedurende het verhaal wordt een duidelijk beeld van de Londense samenleving ontrafeld. Het is een tamelijk starre, geordende, conformistische maatschappij, waarin sociale klassen zeker nog bestaan:

• De uitdrukking "man over de stad" wordt verschillende keren gebruikt;

• Utterson's ritueel om de Bijbel te lezen en dan rustig naar bed te gaan is typisch voor die tijd;

- Lanyon, Utterson en Enfield zijn geschokt door de zonden en wetenschappelijke ontdekkingen van Jekyll en Hyde;

- De rijke personages Utterson en Enfield gaan wandelen in de straten van de volkswijken van Londen, waar "de inwoners het allemaal goed deden, zo leek het, en allemaal hoopten ze het nog beter te doen" (blz. 4).

Stevenson schreef niet alleen fantastische teksten, maar was ook een realistisch schrijver. Hij was een dromer die leefde in een uiterst strenge maatschappij. Hij ontsnapt zowel geestelijk, via zijn literatuur, als in de werkelijkheid, dankzij zijn reizen over de wereld.

VERDERE REFLECTIE

ENKELE VRAGEN OM OVER NA TE DENKEN...

- Vergelijk en beschrijf dr. Jekyll en dr. Lanyon. Welk type wetenschapper vertegenwoordigt elk van hen? Denk je dat deze twee soorten wetenschappers vandaag echt bestaan? Geef voorbeelden om je antwoord te ondersteunen.

- Dr Jekyll's karakter verwijst naar de theorie van het manicheïsme. Leg uit wat dit is.

- Dualiteit, gespleten persoonlijkheid en metamorfose zijn de drie stadia van de evolutie van Dr. Jekyll. Geef commentaar op elk van deze stappen.

- Is de christelijke interpretatie van de dualiteit van het zijn dezelfde als die van Dr. Jekyll? Neemt hij het gedrag aan dat het christendom adviseert als reactie op deze dualiteit?

- In hoeverre behoort dit werk tot het *fantastique* genre? Hoe kunnen we zeggen dat Stevenson's *fantastique* traditioneel is?

- Deze novelle behoort weliswaar tot het genre *fantastique*, maar is ook zeer realistisch. Markeer de elementen die dit illustreren. Waarom brengt Stevenson volgens jou realistische elementen aan in zijn verhaal?

- Heeft dit verhaal ook enkele kenmerken van een misdaadroman? Onderbouw je antwoord met voorbeelden uit de tekst.

- Stel je voor dat Dr Jekyll het overleefde en dat zijn wezen weer heel werd (samengesteld uit zijn positieve en negatieve kanten). Vind je dat hij veroordeeld moet worden voor de misdaden begaan door Mr. Hyde?

- Wat maakte en maakt dit werk volgens u zo succesvol? Wat spreekt het publiek van *The Strange Case of Dr Jekyll and Mr Hyde* aan of beweegt het?

VERDER LEZEN

REFERENTIE-UITGAVE

Stevenson, R. L. (2003) *The Strange Case of Dr Jekyll and Mr Hyde*. Londen: Penguin Classics.

REFERENTIESTUDIES

Brunel, p. (1988) *Dictionnaire des mythes littéraires*. Parijs : Éditions du Rocher.

Morfeux, L. en Lefranc, J. (2007) *Nouveau Vocabulaire de la philosophie et des sciences humaines*, Parijs : Armand Colin.

Van Gorp, H. et al. (2001) *Dictionnaire des termes littéraires*. Parijs: Honoré Champion.

*We horen graag van jou! Laat
een reactie achter op jouw online bibliotheek
en deel je favoriete boeken op social media!*

www.50minutes.com

Master ISBN: 9782808688321
Papier ISBN: 9782808699723
Wettelijk depot: D/2023/12603/1252

Omslag: © Primento

Digitaal ontwerp: Primento, de digitale partner van uitgevers.